나도 상처 받지 않고 친구도 상처 받지 않는 말하기 연습

강승임 글 · 김규정 그림

위즈덤하우스

차례

작가의 말 · 4
함께 고민을 나눌 친구들을 소개합니다! · 6

1. 미안한 마음이 있는데 사과하고 싶지 않아요 · 10
2. 속으로는 부러우면서 안 부러운 척해요 · 14
3. 나도 모르게 잘난 척하게 돼요 · 18
4. 슬픈 분위기에 엉뚱한 말이 튀어나와요 · 22
5. 좋아하는 친구를 자꾸 괴롭히게 돼요 · 26
6. 사랑하는 가족에게 괜히 투정을 부려요 · 30

1장 내 마음과 다른 말이 튀어나와요

1. 내 마음대로 안 되면 짜증이 나요 · 36
2. 놀림을 받으면 저절로 주먹이 쥐어져요 · 40
3. 누가 내 물건에 손대면 아주 기분이 나빠요 · 44
4. 말과 행동이 다른 친구를 이해할 수 없어요 · 48
5. 똑바로 안 하는 친구를 야단치고 싶어요 · 52
6. 알아서 공부할 텐데 잔소리를 들으니까 화나요 · 56

2장 말로 해도 되는데 화부터 나요

3장
입을 열기가 너무 어려워요

1. 거절하지 못하는 내 자신이 답답해요 · 62
2. 친구에게 물건을 빌려 달라고 할 때 눈치가 보여요 · 66
3. 발표할 때마다 속이 울렁거려요 · 70
4. 선생님이 말을 걸면 몸이 움츠러들어요 · 74
5. 영어로 말해야 할 때 머릿속이 하얘져요 · 78
6. 친하지 않은 사람에게 인사할 때 불편해요 · 82

4장
이럴 땐 무슨 말을 해야 할지 모르겠어요

1. 낯선 장소에서 아는 친구를 만났어요 · 88
2. 친해지고 싶은 친구가 생겼어요 · 92
3. 대화하다가 말이 끊기면 어색해요 · 96
4. 칭찬을 들으면 마음이 오글거려요 · 100
5. 속상해하는 친구를 위로하고 싶어요 · 104
6. 도와 달라고 하고 싶은데 말이 나오지 않아요 · 108
7. 솔직하게 말해야 할 때 힘들어요 · 112

오늘도 친구와 즐겁게 이야기 나누었나요?

　오늘도 아마 기억할 수 없을 정도로 많은 말을 친구와 주고받았을 거예요. 친구가 옆에 있으면 언제나 재잘재잘 말하고 싶어요. 놀 때만이 아니라 걸을 때, 밥을 먹을 때, 쉴 때, 공부할 때, 심지어 선생님 말씀을 들을 때도요.

　이렇게 친구와 말을 주고받다 보면 마음이 통하는 순간이 많아져요. 점점 더 친밀감이 생기고 믿음도 커져요. 이런 친구가 곁에 있으면 힘이 나고 하루하루 즐거워지지요.

　하지만 이럴수록 무심코 던지는 말 한마디를 조심해야 해요. 친구가 편하다고 함부로 말하면 그동안 쌓아 올린 우정의 탑이 와르르 무너질 수 있거든요.

그럼 무슨 말을 어떻게 해야 하냐고요? 그냥 마음속에 있는 말을 솔직하게 하면 안 되냐고요? 당연히 되지요. 어떤 경우든 솔직하게 말하는 건 대화에서 가장 중요해요. 거짓 없는 모습은 상대방에게 믿음을 주어 관계를 더욱 단단하게 해 주니까요. 그러려면 자신의 진실한 마음이 무엇인지 알아야 해요.

그리고 서로 존중하기 위해서는 솔직하게 말하되 친구를 무시하는 말, 놀리는 말, 흉보는 말 등은 거둬야 해요. 친구끼리 상처를 주고받는 말이니까요. 이런 말들 속에서 우리 자신을 지킬 줄 알아야 해요. 그러니 우리 지금부터 서로 아프게 하지 않고, 다정하고 따뜻하게 말하는 연습을 함께해 보기로 해요.

강승임

함께 고민을 나눌 친구들을 소개합니다!

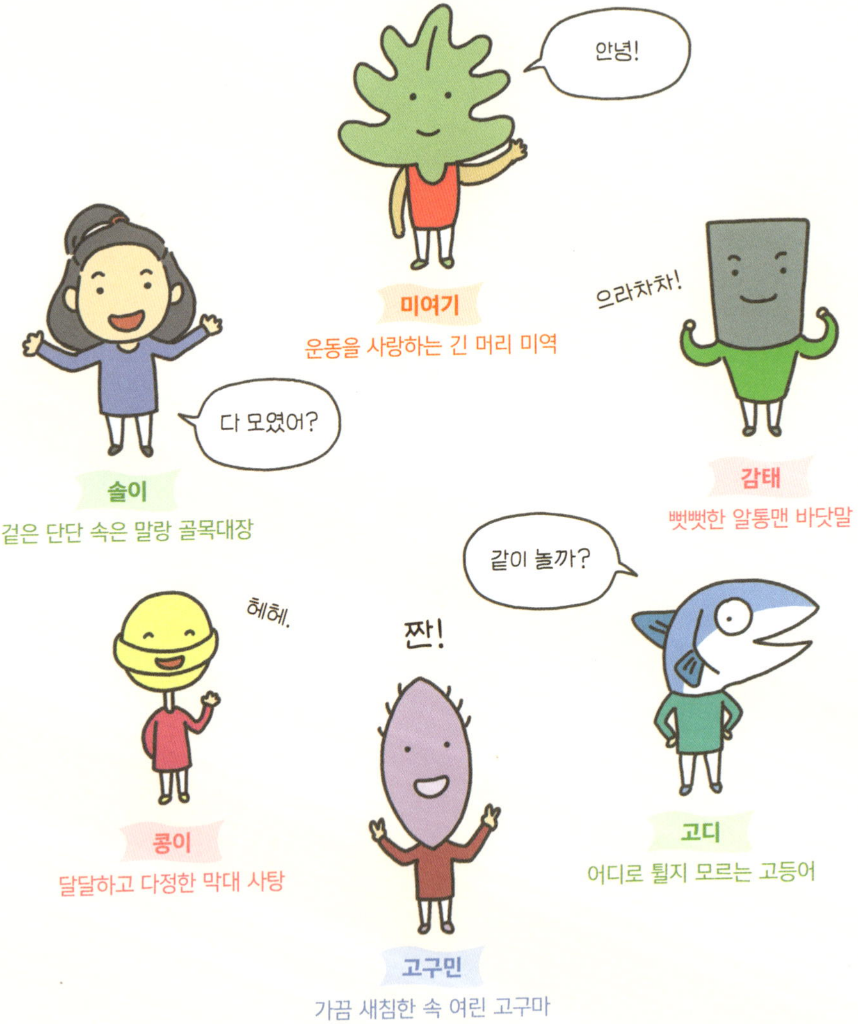

미여기 — 안녕!
운동을 사랑하는 긴 머리 미역

감태 — 으라차차!
뻣뻣한 알통맨 바닷말

솔이 — 다 모였어?
겉은 단단 속은 말랑 골목대장

콩이 — 헤헤.
달달하고 다정한 막대 사탕

고구민 — 짠!
가끔 새침한 속 여린 고구마

고디 — 같이 놀까?
어디로 튈지 모르는 고등어

1장

내 마음과 다른 말이 튀어나와요

1

미안한 마음이 있는데 사과하고 싶지 않아요

사과하는 대신 화를 낸 미여기, 그냥 넘어가도 괜찮을까?

누구나 미여기처럼 종종 실수하고 잘못을 저질러. 그럴 때 누군가 피해를 입거나 일이 잘못되면 정말 당황스럽지. 사과해야 하는 건 알지만 바로 미안하다는 말이 잘 나오지 않을 때도 있고.

일부러 그런 게 아닌데, 주변 사람들이 네 잘못이라고 나무라는 눈빛부터 보내면 괜히 억울한 마음이 들기도 하잖아. 실수했다는 사실 자체가 자존심 상하기도 하고 말이야.

하지만 피해 입은 친구에게 나중에라도 사과하지 않으면 괜한 오해가 생기고 서로 사이가 멀어질 거야.

지금 그런 일로 고민하고 있다면 심호흡 한번 크게 하고 친구에게 가서 말을 걸어 볼래? 네가 생각한 것보다 쉽게 화가 풀릴지도 모르니 말이야.

✓ **마음 체크** 실수했을 때 나는 어떤 마음일까?

☐ 실수하거나 잘못한 게 부끄러워서 숨고 싶었다.
☐ 주변 사람들 때문이라고 탓하고 싶었다.
☐ 자존심이 무척 상해서 잘못을 인정하기 싫다.

 사과하는 건 부끄러운 게 아니야.
친구에게 미안하다고 말하고 싶다면 솔직하게!

네가 피해를 입었는데 친구가 슬쩍 넘어가면 기분이 어떨까? 이런 생각을 해 보면 답은 나오지. 시기를 놓쳤더라도 꼭 사과해야 해. 우선 친구가 괜찮은지 먼저 물어보자. 미안하다고 말할 때에는 쑥스럽다는 이유로 장난 섞어 말하지 않기! 말을 꺼낼 때에는 힘들겠지만 막상 하고 나면 후련해질 거야.

2

속으로는 부러우면서 안 부러운 척해요

 마음을 챙겨요

친구가 부러울 때마다 뾰족해지는 고구민의 마음은 어떻게 다독일까?

한때 '부러우면 지는 거다!'라는 말이 유행한 적이 있어. 그런데 이 말을 가만 들여다보니 이상하다는 생각이 들었어. 부러운데 왜 지는 거지? 상대방에게 지는 마음이 드는 게 부러운 마음인 걸까?

그건 아닐 거야. 부럽다는 건, 자신이 원하는 것을 남이 가졌을 때 느끼는 감정이잖아. '와, 좋겠다. 나도 잘하고 싶다.' 정도로 생각이 그친다면 괜찮아. 하지만 자신이 부족하다거나 못났다고 느낀다면 그땐 바로 생각을 멈추고 스스로 마음을 달랠 필요가 있어.

부러워하는 마음은 자연스러운 감정이야. 우리 마음은 자신도 모르는 사이에 끊임없이 남과 비교하거든. 어쩔 땐 친한 사이일수록 이런 마음이 더 자주 생겨. 그렇다고 친구들 장점을 발견할 때마다 스트레스받으면 안 되잖아? 부러움은 누구나 가질 수 있는 감정이라는 걸 기억하고 자연스럽게 받아들이려 노력하자.

✓ **마음 체크** 친구가 부러울 때 내 속마음은?

☐ 나도 모르게 괜히 짜증이 난다.
☐ 내가 부족하거나 초라하게 느껴진다.
☐ 속마음을 숨기려고 오히려 친구의 단점을 꼬집으려 한다.

**부러울 땐 그냥 부럽다고 말해도 괜찮아.
부러움이 넘쳐 마음이 괴로울 땐 이렇게 해 보자!**

친구의 장점을 알아봐 주고 칭찬할 줄 아는 건 멋진 일이야. 다 알아도 표현하기 힘들다고? 그러면 "잘했다.", "그랬구나."라는 말로 바꿔서 인정해 주자. 또 하나, 스스로 괴로운 생각을 멈추는 연습도 해 봤으면 좋겠어. 그다음 네가 좋아하고 잘하는 일은 무엇인지 생각하기! 한번 시도해 보면 어때?

3

나도 모르게 잘난 척하게 돼요

마음을 챙겨요

대화 중에 틀린 말을 꼬집던 와풀, 뭐가 잘못된 걸까?

친구들과 이야기하다 보면, 대화가 언제나 술술 풀리는 건 아니야. 생각이나 감정이 서로 어긋나기도 하고, 누군가 잘못된 정보를 말하기도 해. 이때 자신의 의견을 강하게 주장하거나 틀린 내용을 바로 지적해야 속이 시원해진다는 친구들이 있더라.

그럴 때 "그것도 몰라?", "진짜 한심하다."처럼 다른 사람을 무시하는 말을 하는 경우도 있어. 만약 네가 이런 말을 들었다면 어때? 마음이 단단히 상하겠지? 상대방도 마찬가지야.

물론 정확한 답변도 중요하지만 일상적인 대화라면 지적보다는 공감이 먼저 아닐까? 대화는 말 그대로 서로 마주 보고 이야기를 나누는 거잖아. 그러니 서로의 생각과 느낌을 존중하는 게 무엇보다 중요해. '이렇게도 생각할 수 있구나.' 하고 열린 마음으로!

✓ **마음 체크** 나도 지적쟁이일까?

☐ 친구들의 말을 듣는 것보다 내가 말하는 게 더 좋다.
☐ 내 의견이 모두 옳다는 생각이 든다.
☐ 친구들이 틀린 말을 하면 끼어들지 않고는 못 참겠다.

 바로잡는 것과 지적하고 무시하는 건 달라.
생각 하나하나를 소중하게 여기는 연습을 해 보자!

상대방의 말 중간에 끼어들지 않고 충분히 듣는 건 대화할 때 무척 중요해. 친구의 이야기를 평가하지 않고 왜 그렇게 생각했는지부터 물어보면 대화가 더 부드러워지겠지? 아무리 잘못된 정보를 말했다고 해도 상대방을 무시하면 안 된다는 걸 잊지 말자!

4
슬픈 분위기에 엉뚱한 말이 튀어나와요

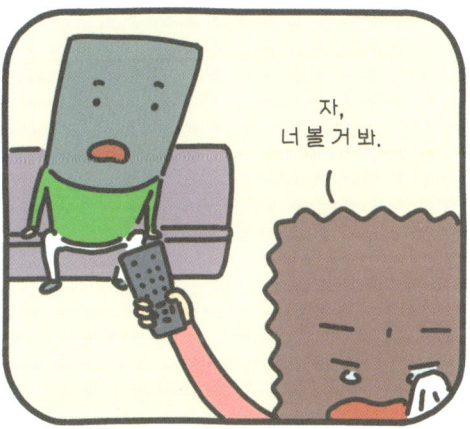

마음을 챙겨요

눈물을 보이기 싫은 감태는 정말 감정이 메마른 걸까?

    그건 아닐 거야. 감태는 슬픈 장면을 보는 게 힘들었을 뿐이야. 사실 감태도 그 장면이 너무 슬퍼 눈물이 날 것 같았잖아. 그때 엄마가 감정이 메말랐다는 말을 툭 던지니까 그 말에 화가 난 거지.

    감태처럼 슬픈 분위기를 견디지 못해서 의외의 반응을 보이는 친구들이 있더라. 화를 내기도 하지만 엉뚱하게 웃긴 이야기를 던지는 친구도 있어. 그럼 분위기가 정말 어색해지지.

    누군가가 슬퍼하고 있을 때에는 어떻게 하면 좋을까? 억지로 감정을 끊어 내기보다는 슬픈 감정을 자연스럽게 표현할 수 있는 분위기로 만들어 주면 어때? 슬플 때 펑펑 울고 나면 오히려 속이 후련해지곤 하잖아. 그럴 때 무리하게 위로하려 하지 말고 토닥토닥해 주는 걸로 충분하지 않을까?

✓ **마음 체크** 슬픈 분위기를 마주할 때 내 속마음은?

☐ 슬픈 분위기가 불편해서 웃긴 이야기로 분위기를 바꾸고 싶다.
☐ 상대방이 울 땐 나까지 울고 싶지 않아 억지로 참는다.
☐ 다른 장소로 이동해서라도 이 분위기에서 벗어나고 싶다.

슬픔을 꼭 지워야 하는 건 아니야.
옆에 있어 주기만 해도 큰 힘이 될 수 있어!

누군가가 슬프다고 이야기하면 무리하게 농담을 하거나 상대방을 다그쳐서 분위기를 바꾸지 말자. 상대방이 감정을 추스를 수 있도록 조금 기다려 주면 어떨까? 상대방의 이야기를 끝까지 들어 줄 수 있다면 더 좋고. 사실 그것만으로도 큰 힘이 되거든.

5

좋아하는 친구를 자꾸 괴롭히게 돼요

마음을 챙겨요

관심은 끌고 싶고 좋아하는 마음은 들키기 싫은 따루는 이제 어떻게 해야 할까?

보기만 해도 심장이 두근거리는 친구가 생겼구나! 그런데 선뜻 좋아하는 마음을 표현하지 못하고 오히려 괴롭히게 된다고? 그런 행동을 하고 나서 후회하고? 이런, 마음을 거꾸로 표현하고 있었네.

좋아하는 친구 곁에 있으면 긴장되고 행동도 어색해져서 좀 낯설겠지. 그래서 마음을 숨기려다 보니까 오히려 장난치고 괴롭히게 되나 봐.

하지만 이렇게 하면 그 친구는 네가 자기를 좋아한다는 걸 영영 모르겠지? 오히려 싫어한다고 생각할걸. 고백하기 어려운 마음은 충분히 이해하지만 놀리고 장난치는 건 이제 그만하자.

누군가를 좋아한다는 건 다정한 마음이 있다는 뜻이잖아. 그 따뜻한 마음이 전해질 수 있게 노력해 보자.

✓ **마음 체크** 좋아하는 사람 앞에 서면 나는 어떤 모습일까?

☐ 머릿속이 하얘지고 눈앞이 깜깜해진다.
☐ 좋아하는 모습을 숨기려고 무뚝뚝하게 행동한다.
☐ 소문이 나면 놀림받을까 봐 오히려 싫어한다고 말한다.

 누군가를 좋아하는 건 소중하고 가치 있는 마음이야.
좋아한다는 이유로 심통 부리고 괴롭히지 말자.

놀림을 받는 친구는 네가 자기를 좋아해서 그러는 거라고 상상도 못 할 테니 무척 괴로울 거야. 좋아하는 친구가 괴롭다면 그건 너에게도 불행한 일 아닐까? 좋아하는 친구에게 어떻게 하면 다가갈 수 있을지 고민하는 게 더 현명한 모습일 거야.

사랑하는 가족에게 괜히 투정을 부려요

마음을 챙겨요

더 챙겨 주고 싶은 엄마에게 짜증을 발사한 미여기는 하루 종일 얼마나 후회했을까?

미여기처럼 투정 부릴 때가 있었어? 뒤돌아서면 후회하면서도 정작 눈앞에서는 왜 그렇게 안 좋은 말들이 튀어나오는지 참 알 수가 없어.

받는 것에 익숙해지면 당연한 것처럼 느껴질 수 있어서 받는 사람은 주는 사람에게 자꾸 더 많은 걸 바라게 된대. 하지만 주는 것도 받는 것도 당연한 일이 아니야. 우리를 아끼고 챙겨 주는 사람들은 우리를 위해 자기 것을 양보하고 수고하는 거지. 가족 사이에서도 그렇고 친구 사이에서도 그래.

고마움을 표현하는 게 익숙하지 않고 쑥스러워서 모른 척했다고? 말하지 않아도 당연히 알 거라고 생각했다고? 말하지 않으면 누구도 속마음을 알 수 없어. 그러지 말고 지금부터는 일상생활에서 고맙다는 말을 하려고 노력해 봐.

✓ **마음 체크** 가족들이 챙겨 줄 때 내 행동은?

☐ 너무 익숙해서 나를 위한 행동을 알아채지 못한다.
☐ 고맙다는 마음은 들지만 쑥스러워서 표현하지 않는다.
☐ 그동안 받은 마음을 모른 척해서 계속 그냥 모른 척한다.

 "고마워."는 상대방을 단번에 행복하게 만드는 말이야. 말 말고도 여러 가지 방법으로 표현할 수 있어!

고맙다는 말은 참 신기해. 반드시 고맙다는 말로 되돌아오거든. 그래서 하는 사람도 듣는 사람도 모두 행복해져. 그런데 부끄러워서 이 말을 못 하는 친구들도 있더라. 그렇다면 문자나 편지, 이모티콘을 보내는 걸로 시작해 봐도 좋겠다. 천천히 꾸준히 고맙다는 표현에 도전해 봐.

2장

말로 해도 되는데 화부터 나요

...

내 마음대로 안 되면 짜증이 나요

마음을 챙겨요

게임에서 질 것 같을 때 솔이는 왜 벌컥 화를 낸 걸까?

게임이 마음대로 안 되어서 화가 났나 보네. 잔뜩 기대했던 마음이 팡 터지는 느낌이었을 거야. 어그러지고 마음대로 안 되면 좌절감을 느끼는 게 당연해. 자존심도 상하고 운이 없다는 생각도 들 수 있지. 괜히 남의 탓으로 돌리기도 하고 말이야.

그런데 기대만큼 되지 않은 일들, 모두 실패였을까? 그 경험이 나중에 도움이 된 경우도 있었을 거야.

여기까지 생각이 미쳤다면 조금 여유가 생겼다고 봐도 좋아. 이제 같은 상황이 벌어졌을 때 달라진 자신의 모습을 상상해 봐. 짜증 내는 모습이 아니라, 속상하지만 부정적인 생각을 조금씩 다독여서 잘 마무리하는 모습 말이야. 조금 더 멋져 보이지 않아?

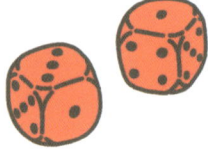

✓ **마음 체크** 일이 마음대로 안 되었을 때 나의 반응은?

☐ 지금까지 하던 모든 일을 포기하고 싶어진다.
☐ 분해서 눈물까지 난다.
☐ 갑자기 싸늘해져서 주변 분위기를 얼어붙게 만든다.

**1등이 아니어도, 완벽하지 않아도 괜찮아.
화부터 내면 어떤 일도 해결되지 않는다는 걸 기억해!**

일이 마음대로 풀리지 않으면 속상하겠지만 그때마다 감정을 폭발했다가는 견디기 힘들어질 거야. '바라는 대로 안 될 때도 있지, 뭐.' 하는 마음으로 그 상황을 넘겨 보면 어떨까? 스스로 부담을 주지 않는 연습도 필요해. 화가 날 때에는 모든 일을 멈추고 차분하게 생각부터 정리하자.

놀림을 받으면 저절로 주먹이 쥐어져요

마음을 챙겨요

놀림받고 주먹을 휘두른 와풀에게 다른 방법은 없었을까?

놀림을 받으면 너무나 화가 나. 당연해. 존중받지 못했으니까. 너무 화가 나서 때려 주고 싶은 마음까지 든다고? 그래도 폭력은 쓰지 말자. 다른 사람을 존중할 줄 모르는 행동을 똑같이 할 수는 없지!

놀림받는 순간에는 당황해 쩔쩔매고, 기분이 나빠 얼굴까지 빨개질 수 있어. 너무 화가 나서 눈물도 날 것 같고. 자, 눈물이 터지기 전에 속으로 하나, 둘, 셋 세면서 마음을 다잡자. 그다음 단호하게 말해야 해. 기분 나쁘니 그만두라고 말이야. 그래도 계속해서 놀린다면? 그 아이들에게 반응하지 말자. 대꾸하지 않고 완전히 무시해도 좋아.

다른 사람을 놀리는 비겁하고 옹졸한 행동에 기죽지 말고, 침착하고 담담하게 나를 지키는 방법을 하나씩 쌓아 보자.

✓ **마음 체크** 친구에게 놀림받을 때 내 기분은?

☐ 나쁜 건 알지만 나도 똑같이 놀리고 싶어진다.
☐ 친구가 나를 무시하는 것 같아 화가 난다.
☐ 놀림받던 말이 머릿속을 맴맴 돌며 마음이 움츠러든다.

내 자존감을 빼앗길 수는 없지!
상처 받은 마음을 분명하게 표현하고 사과를 받자.

왜 상처를 받았는지 구체적으로 밝히면서 사과를 요구하자. 어떤 아이들은 자기 말이 왜 상처를 주었는지 모르기도 하니까. 물론 사과를 받는다고 네 속상한 마음이 쉽게 사라지진 않겠지. 나쁜 기억은 가둬 두지 말고 주변 친구나 어른들에게 털어놓고 지우는 연습도 하자.

누가 내 물건에 손대면 아주 기분이 나빠요

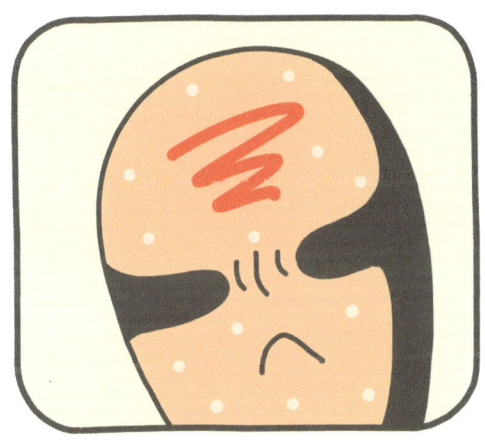

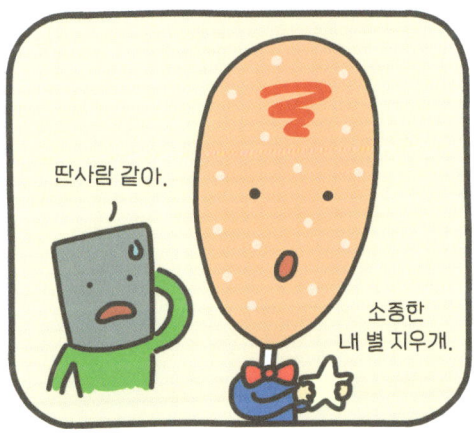

마음을 챙겨요

핫독은 어떻게 별 지우개를 소중히 지킬 수 있을까?

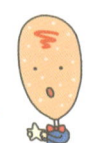

 같은 물건이라도 사람에 따라 다른 의미를 가지고 있는 경우가 있어. 감태에게는 그저 지우개였지만 핫독에게는 슈퍼 스페셜 지우개였던 거지. 누구에게나 이렇게 애착이 가는 물건 하나쯤은 있을걸.

 애착 물건을 누군가 만지면 자신을 보호하는 선을 넘어온 것처럼 불안해하는 사람이 있어. 이런 성격을 두고 사람들은 '예민하다'고 하는데, 간혹 이 말이 듣기 싫어서 물건을 만지지 말라는 말을 하기 힘들어하는 친구도 있어. 아니면 반대로 예민함을 말투와 행동에 가득 담아 아주 퉁명스럽게 구는 친구도 있지.

 이때 내 물건을 지키고 나를 지키는 방법은 상대방에게 이 두 가지 사실을 솔직하게 말하는 거야. 누가 내 물건을 함부로 만지면 싫다는 것과, 물건을 만지기 전에 꼭 물어봐 달라는 말을 하는 거지. 그러면 상대방도 더 주의를 기울이겠지?

✓ **마음 체크** 아끼는 물건을 친구가 만지면 내 기분은?

☐ 괜히 신경이 쓰여서 행동까지 어색해진다.
☐ 갑자기 머리끝까지 화가 난다.
☐ 반사적으로 고함을 치게 된다.

 친구가 일부러 네 소중한 물건을 건드리진 않았을걸?
네 물건을 쓸 땐 예의를 갖춰 달라고 친구에게 이야기하자.

친구가 충분히 이해할 수 있도록 친절하면서도 정중하게 네 애착 물건에 대해 설명하면 어떨까? 친구가 그 말을 한 귀로 흘리지 않도록 진심을 담아서 말이야. 친구가 만지면 안 되는 물건은 미리 다른 곳에 치워 두는 방법도 있겠다. 그러면 친구가 실수할 일이 줄어들 거야.

4

말과 행동이 다른 친구를 이해할 수 없어요

마음을 챙겨요

아이돌에 싫증 난 척하는 핫독에게 석빙은 뭐라고 할 수 있을까?

    석빙이 말이랑 행동이 다른 핫독에게 단단히 마음이 상했네. 한편으로는 핫독의 진짜 마음이 뭔지 몰라 답답해하고.

    이런 상황이 반복되면 친구에 대한 믿음까지 흔들릴 것 같다고? 그럼 그 친구를 대할 때마다 너무 마음이 어지러울 것 같으니 우리 모른 척 넘어가진 말자. 말과 행동 가운데 어느 쪽이 친구의 진짜 마음에 가까운지 슬쩍 떠봐. 공격적으로 따지진 말고.

    이렇게 말하는 게 무척 껄끄럽고 어렵게 느껴질지도 몰라. '내가 자길 의심했다고 느끼면 어쩌지.' 하는 걱정도 되고 말이야. 그런데 혼자 속으로만 불편해하고 의심하는 것보다는 낫지 않을까? 너희들 생각은 어때?

✓ **마음 체크** 말 따로 행동 따로인 친구들을 볼 때 드는 생각은?

☐ 친구의 잘못을 따져 묻고 싶다.
☐ 나를 속이는 것 같아 기분이 나쁘다.
☐ 나에게 솔직하지 못한 친구에게 섭섭하다.

 친구에겐 진짜 마음을 숨기려고 한 이유가 있을 거야.
그 마음을 털어놓을 수 있게 다가가 보자.

잘못한 친구에게 왜 먼저 손 내밀어야 할지 이해하기 어려울 수도 있겠다. 그런데 그럴 수밖에 없었던 속사정을 듣고 친구를 이해하게 될 수도 있잖아? 그러니까 당황한 네 마음을 잠깐 접어 두고 다정한 말을 건네 보자. 제대로 사정을 알지 못한 채 친구를 잃는 것보다 지혜로운 행동일 거야.

5

똑바로 안 하는 친구를 야단치고 싶어요

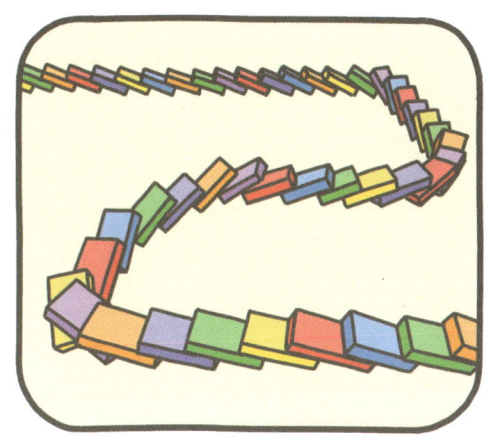

마음을 챙겨요

모둠 활동을 그르친 고구민이 미운 동백씨를 어쩌면 좋을까?

　동백씨처럼 친구가 맡은 일을 제대로 하지 않아서 바로 지적한 적 있었어? 대충 하는 친구를 보면 답답하고 말이야. 주어진 일을 제대로 잘 해내는 걸 중요하게 여기는 사람들이 있어. 이런 사람은 성실하지 않은 사람을 보면 한심하게 느끼기도 하지.

　하지만 사람은 기준이 모두 달라. 네 기준에서는 느리고 답답하더라도 그 친구에게는 그 속도가 적당할 수 있거든. 물론 규칙을 어기거나 해야 할 일을 미루는 건 잘못이 맞아. 그래도 그건 그 친구의 일이니, 행동에 대한 책임도 친구가 져야겠지.

　친구가 도움이 필요하다고 말하면 그땐 적극 돕자. 하지만 먼저 나서서 친구의 행동을 지적하면 친구는 마음이 상하고 말걸. 친구도 잘하고 싶은데 자꾸 실수해서 답답할 수 있잖아. 각자의 기준을 인정해 주는 게 필요하지 않을까?

✓ **마음 체크** 내 안에 호랑이 선생님이 살고 있다?

☐ 뭐든 대충 하는 친구를 보면 답답하다.
☐ 산만한 친구 때문에 공부에 방해를 받으면 신경질 난다.
☐ 규칙을 어기는 친구들을 보면 달려가서 지적하고 싶다.

 윽박지른다고 말뜻이 더 잘 전해지는 건 아니야.
부드러운 말투로 잘하는 방법을 세심하게 일러 주자.

친구가 도와 달라고 하면, 네가 도움을 받았던 고마운 기억을 떠올려 봐. 어땠어? 친절한 말투로 천천히 섬세하게, 알아야 할 것들을 조근조근 설명 들었지? 너도 그 기억을 따라 흉내 내 봐. 표정, 몸짓과 손짓으로도 네 마음이 다 전해진다는 것 잊지 말고!

6

알아서 공부할 텐데 잔소리를 들으니까 화나요

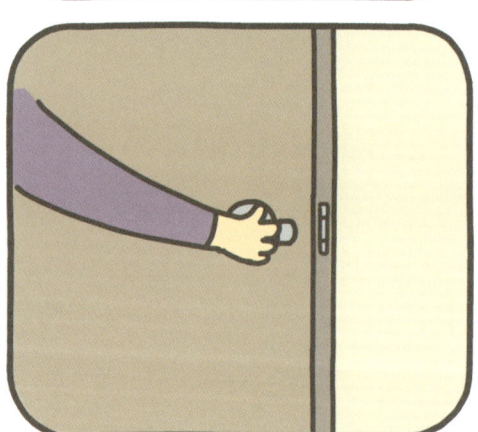

마음을 챙겨요

곧 숙제를 시작하려 했던 고디, 억울한 마음을 어쩌면 좋을까?

희한하게도 이제부터 공부하려고 딱 마음을 먹으면 등 뒤에서 부모님이 불쑥 나타나 "이제 공부해야지?" 하고 말하더라. 그때부터 반항심이 차오르면서 "지금 하려고 하잖아요!" 하고 말이 예쁘게 나오지 않아. 넌 공부가 중요한지 모르는 게 아닌데, 부모님은 네가 아예 공부를 안 할 거라고 단정 짓는 느낌이라고? 그럴 수도 있겠다.

부모님의 입장에서 이거 하나는 분명하게 말할 수 있어. 결코 너를 믿지 못해서 그러시는 게 아니야. 네가 쉬거나 노는 게 잘못이라고 생각해서도 아니야. 그저 오늘 할 일을 꼭 해내길 바라는 거지. 그러니까 '나를 공부하는 기계처럼 생각하는 건가?' 하는 오해는 이제 그만하자.

서로 화를 내고 나면 하루 기분이 엉망이 되니 공부도 놀이도 더 이상 제대로 할 수 없게 돼. 공부라는 주제에 더 이상 화내지 않고 대화할 수 있는 방법을 같이 고민해 보자.

✓ **마음 체크** 부모님이 공부하라고 잔소리할 때 드는 생각은?

☐ 알아서 할 텐데 다그치니까 벌컥 짜증이 난다.
☐ 왜 당장 공부해야 하는지 이해할 수 없다.
☐ 잔소리를 무시하고 싶어진다.

 공부 때문에 부모님과 계속 감정싸움 해야 할까?
너와 부모님 모두 동의하는 놀이 시간을 약속하자.

게임이나 놀이 전에 부모님과 시간 약속을 해 두었어도 계속 갈등이 생기면 좀 더 대화가 필요하다는 신호야. 우선 놀이 시간을 얼마나 가져야 충분한지 서로 기준을 이야기하고 맞춰 가면 좋겠지? 공부에 대한 목표나 계획을 공유하면 더 좋고. 무엇보다 화내지 않고 말하는 게 중요해!

3장

입을 열기가 너무 어려워요

1
거절하지 못하는 내 자신이 답답해요

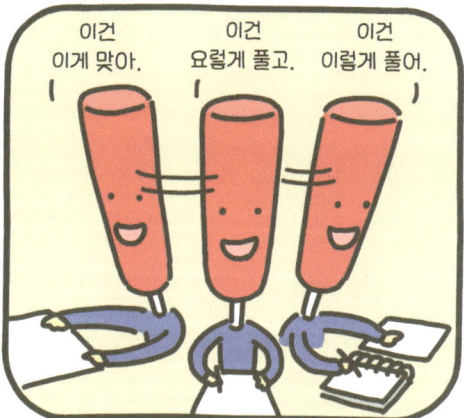
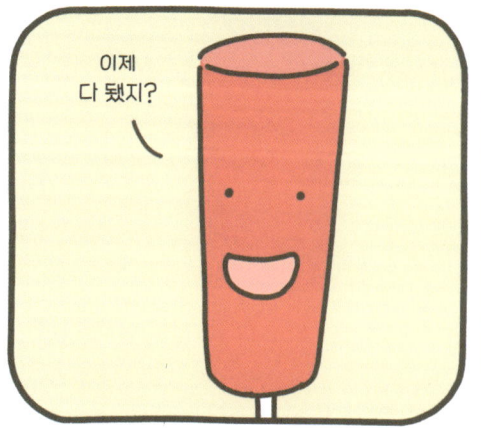

석빙은 어떻게 친구들에게 상처 주지 않고 거절할 수 있을까?

    석빙처럼 다른 사람의 부탁이나 요구를 거절하지 못하는 친구들이 있어. 친구들에게 욕을 먹을까 봐 걱정이 된다면서. 그래서 친구랑 생각이 다른데도 친구의 결정을 따르고는 한대.

    친구의 부탁을 무조건 들어주면 당장은 친구들에게 착하다는 말을 들을 거야. 하지만 자신에게도 착한 행동일지는 곰곰 생각해 보면 좋겠어. 남의 눈치를 보느라 생각을 자유롭게 말하지 못하는 건 자기 자신을 무시하는 태도야.

    거절은 나쁜 행동도, 이기적인 행동도 아니야. 자신을 배려하고 자기 마음에 솔직한 거지. 자기를 존중하는 사람이 남에게도 존중받을 수 있어. 상대방의 뜻을 거절한다고 생각하지 말고 솔직하게 자기 생각을 보여 준다고 생각하자.

✓ **마음 체크** 친구가 곤란한 부탁을 해 올 때 내 반응은?

☐ 거절해야 한다고 생각하는데 말이 나오지 않아 우물쭈물한다.
☐ 대답하기 싫어서 딴말을 한다.
☐ 친구가 실망할까 봐 그냥 부탁을 들어준다.

거절은 어떻게 하느냐가 중요해.
너도 친구도 존중하는 부드러운 말을 골라 보자.

네 입장만 일방적으로 말하면 친구가 마음 상할 수 있어. 친구를 배려하는 마음을 담아 보면 어떨까? 너에게도 친구에게도 좋지 않은 부탁이라 들어줄 수 없다고 차근차근 말해 주자. 그럼 친구는 네 거절을 잘 받아들일 수 있을 거야. 싫은데 억지로 하거나, 좋은데 아닌 척하는 애매한 행동이 더 큰 오해를 불러일으킬 수 있다는 사실, 꼭 기억하고!

도와줄 수는 있지만 그냥 베끼는 건 안 돼. 내 시간과 노력까지 베끼는 거니까. 책 펴 봐. 가르쳐 줄게.

아… 알았어.

친구에게 물건을 빌려 달라고 할 때 눈치가 보여요

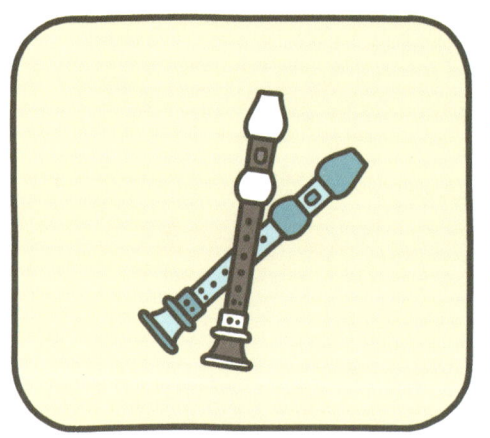

마음을 챙겨요

콩이는 친구에게 물건을 빌릴 때 왜 망설였을까?

콩이처럼 다른 사람의 눈치를 잘 본다면 물건을 빌려 달라는 말을 하기 어려워할 수 있어. 그 친구에게 피해를 주는 것 같아 괜히 미안해지거든. 미안한 마음은 물건을 챙기지 못한 자신을 탓하는 마음으로 바뀌어 혼자 끙끙 앓기도 하고.

하지만 학교생활을 하다 보면 친구에게 부탁할 일이 종종 생겨. 준비물을 깜빡 못 챙길 수도 있고, 학용품이 떨어질 수도 있거든. 모든 걸 혼자서 다 해낼 수 있는 사람은 없어. 그럴 때 친구에게 도와 달라고 하는 건 자연스러운 일이야. 부족한 것은 서로 돕고 의지하며 살아야지.

아마 준비물이 없어서 곤란을 겪는 것보다는 빌려서 해결하는 쪽이 더 좋을걸. 그러니 한번 말해 보자. "네 물건 좀 같이 써도 될까?"라고 말이야.

✓ **마음 체크** 친구에게 물건을 빌릴 때 내 마음은?

☐ 남의 물건을 빌려 쓰는 게 자존심이 상한다.
☐ 어떤 말로 부탁해야 할지 모르겠다.
☐ 내 부탁을 거절할 것 같아 걱정된다.

 사람은 누구나 서로서로 돕고 살아.
도움을 받고 또 도움을 주는 일에 익숙해지는 연습, 어때?

너도 언젠가 친구를 도울 수 있다는 사실을 떠올려 봐. 이제 마음이 조금 가벼워졌어? 자, 그럼 용기를 내서 친구에게 다가가 부탁해 보자. 처음이 어렵지, 그다음은 좀 더 쉬울 거야. 참, 물건을 돌려줄 땐 고맙다는 말 잊지 말기!

발표할 때마다 속이 울렁거려요

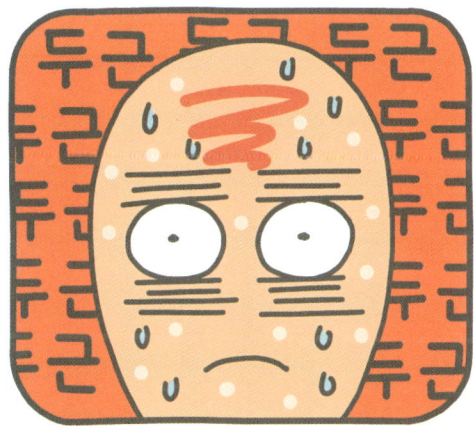

마음을 챙겨요

발표하는 게 두려운 핫독이 어떻게 하면 좋을까?

핫독이 큰 산 앞에 섰네. 발표 생각만 해도 너무너무 떨려서 속이 울렁거리고 머릿속이 새하얘졌을 거야. 다들 한 번쯤 그런 경험 있지?

발표가 힘든 건 내성적인 성격 때문은 아니야. 친구들 사이에서는 조용하지만 여러 사람들 앞에서는 당당하게 말하는 사람도 많거든. 아마 실수 없이 완벽하게 해야 한다는 생각이나, 틀리면 친구들이 놀릴 것 같다는 생각 때문에 발표가 두려운 게 아닐까?

사실 발표를 떨지 않고 하는 사람은 그렇게 많지 않아. 겉으로는 그렇게 보여도 대부분 속으로는 떨면서 실수할까 봐 걱정하지. 그래서 사람들은 누가 발표하다가 실수하더라도 놀리기보다 위로하고 격려해.

오늘부터는 발표할 때마다 이 주문을 외워 보면 어때? '아, 떨려서 못 하겠어.'가 아니라 '떨려도 할 수 있어.'라는 주문 말이야.

✓ **마음 체크** 나도 혹시 발표 울렁증이 있을까?

☐ 사람들 앞에 나서면 내가 한없이 작아지는 것 같다.
☐ 실수하거나 틀리면 친구들이 놀릴까 봐 두렵다.
☐ 예전에 발표하다가 실수했던 기억이 되살아나 또 잘못할 것 같다.

완벽하지 않아도 돼!
도전한다는 데 가치를 두고 부지런히 연습하자.

어른이 되어도 발표할 일이 생기면 무척 떨려. 그럴 때에는 실수하는 순간을 상상해 보고, 어떤 표정을 짓고 어떤 말로 넘어갈지 미리 마인드 컨트롤을 해 보니까 도움이 되더라. 실전처럼 가족이나 거울 앞에서 연습해 보는 것도 좋을 거야.

발표 연습

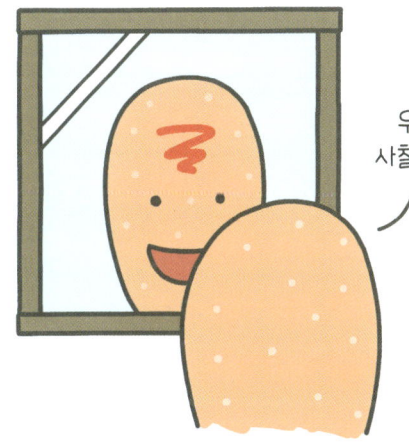

안녕하세요. 우리 지역 문화재 중 사찰에 대한 발표를 맡은 핫독입니다.

선생님이 말을 걸면 몸이 움츠러들어요

마음을 챙겨요

고구민은 왜 선생님이 부를 때마다 몸이 뻣뻣해질까?

고구민처럼 선생님을 어려워한 적 있어? 선생님이 이름을 부르거나 질문하면 혹시나 말실수할까 봐 오히려 말을 안 하기도 했어? 이렇게 행동하는 건 선생님이 싫어서는 아닐 거야. 한편으로는 선생님과 친해지고 싶고 선생님에게 인정받고 싶었겠지만 어려웠겠지.

그러면 선생님 마음은 어떨까? 아이들을 혼내고 싶은 마음이 클까, 잘 지내고 싶은 마음이 클까? 거의 모든 선생님은 아이들과 잘 지내고 싶은 마음이 크지. 아이들과 다정하고 따뜻한 사이가 되고 싶어 해.

선생님이 네 이름을 부르거나 말을 걸 때 짧은 대답부터 천천히 해 보자. 질문에는 솔직하게 대답하면 돼. 그리고 나중에 좀 더 편해지면 선생님에게 궁금한 점도 물어보렴.

✓ **마음 체크** 선생님이 부르면 도망가고 싶을 때가 있다?

☐ 선생님이 내 이름을 부르면 혼낼 것만 같다.
☐ 선생님이 어려운 걸 물어볼까 봐 긴장된다.
☐ 선생님 앞에서는 너무 어색해서 행동이 부자연스러워진다.

 선생님도 학생들과 친해지고 싶어 말을 거는 거야.
조금 더 편안하게 대답해도 괜찮아.

모든 대화의 시작은 인사니까, 선생님과 눈이 마주치면 피하지 말고 싱긋 웃으면서 인사해 보면 어떤까? 선생님의 질문에는 아는 만큼 솔직하게 대답하면 돼. 모르면 "잘 모르겠어요." 하고 답해도 괜찮아. 그러니까 마음을 조금 더 편안하게 하자.

영어로 말해야 할 때 머릿속이 하얘져요

마음을 챙겨요

외국인을 만난 미여기는 왜 그렇게 쪼그라들었을까?

너도 외국인을 만나면 말이 안 나오고 아무것도 안 들린다고? 이건 영어를 잘 못해서일 수도 있지만, 영어에 대한 자신감이 부족해서 더 그럴 거야.

우리말은 태어나면서 자연스럽게 배우지만 영어는 외국어여서 대부분 좀 더 자라서 배워. 알파벳부터 영어 발음, 단어, 문법까지 죄다 낯설지. 잘 모르는 게 당연해. 그렇다고 계속 피하면 영어 자신감만 뚝뚝 떨어질 거야.

자신 없다고 마음 편하게 영어 공부를 포기하는 게 좋을까? 그건 아닐 거야. 왜냐하면 영어는 정말 많은 세계인이 함께 쓰는 언어니까. 일단 당장 완벽하게 잘해야 한다는 생각은 잠시 접어 두자. 그래야 영어가 겁나는 상황에서 벗어날 수 있겠지?

✓ **마음 체크** 외국인이 영어로 말을 걸 때 내 반응은?

☐ 내가 영어로 말해도 외국인이 알아들을지 몰라 두렵다.
☐ 대답할 말을 궁리하다가 시간을 다 보낸다.
☐ 갑자기 뇌가 작동을 멈춘다.

 서툴어도 틀려도 괜찮아.
영어에 대한 두려움을 떨치는 게 중요해!

우리말을 공부하는 외국인의 모습을 떠올려 봐. 발음이나 맞춤법이 틀렸어도 우린 어느 정도 알아들을 수 있고, 그들이 틀렸다고 비웃지 않아. 외국인도 우리에게 그럴 거야. 그러니 아는 단어를 중심으로 천천히 말해 보자. 안 되면 보디랭귀지를 동원하면 되지, 뭐. 꾸준히 공부하다 보면 실력도 늘 거야.

친하지 않은 사람에게 인사할 때 불편해요

마음을 챙겨요

낯선 사람과의 인사가 어려운 동백씨, 이게 문제일까?

친한 사람과 친하지 않은 사람, 중요한 사람과 중요하지 않은 사람을 구분하여 대하는 건 자연스러운 일이야. 친하지 않은 사람은 아직 안전한지 확신할 수 없기 때문이지. 그래서 아기들은 낯가림이 더 심해. 익숙해지려면 시간이 필요하지.

물론 누구에게 인사를 할지는 전적으로 자신의 선택이야. 그래도 인사를 안 하는 것보다 인사를 했을 때 좀 더 긴장감을 풀 수 있다는 걸 알면 좋을 것 같아. 인사는 서로 관계를 맺는 가장 기본적이면서도 가장 간단한 방법이거든. 누구에게든 인사를 잘하면 관계를 소중하게 여기는 사람, 예의 바른 사람이라는 인상도 줄 수 있어.

그렇다면 조금 어색하더라도 인사를 해 보면 어떨까? 어색하게 서로 지나치는 것보다 분위기가 훨씬 부드러워질 거야.

✓ **마음 체크** 친하지 않은 사람과 마주한 내 모습은?

☐ 눈이 마주칠까 봐 슬금슬금 피한다.
☐ 어색하고 불편해서 굳은 얼굴로 가만있는다.
☐ 부끄러워서 고개만 까딱하고 도망간다.

늘 편한 사람들 속에만 있을 수는 없어.
낯선 사람 앞에서 어색하더라도 용기 내어 인사해 보자.

누가 네 인사를 무시하면 기분이 어떨 것 같아? 존중받지 못한 것 같아 상처를 받겠지? 낯선 사람 앞에서 부끄럽더라도 용기 내서 인사해 보면 어떨까? 인사 한번이 상대방을 존중한다는 멋진 표현이 될 테니까.

4장

이럴 땐 무슨 말을 해야 할지 모르겠어요

1

낯선 장소에서 아는 친구를 만났어요

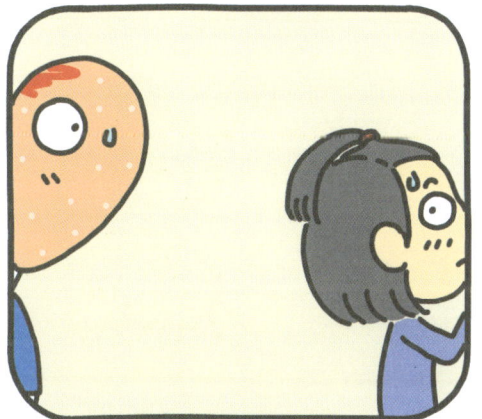

마음을 챙겨요

달려가서 인사하자니 어색하고 모른 척하자니 더 어색해질 텐데 어떡할까?

뜻밖의 장소에서 아는 친구를 만나면 왜 반가운 마음이 드는 동시에 귀찮고 어색한 마음이 들까? 혹시 친구에게 다가가는 게 번거롭게 느껴져서일까? 아니면 괜히 말을 걸어 친구를 방해할까 봐서일까? 인사를 나눈 다음에 할 말이 없으니까 아예 모른 척하는 게 좋겠다고 생각할 수도 있겠네. 친한 친구가 아니라면 더 그렇겠지.

그런데 의외의 장소에서 만나 인사를 나눈 경험이 너와 친구 모두에게 특별한 기억으로 남을 수 있어. 그 기억이 친구랑 더 가까워지는 계기가 될 수도 있고. 어쩌면 친구도 너를 슬쩍 보았을지 몰라. 서로 용기가 안 나서 머뭇하는 건 아닐까? 그럴 때 네가 먼저 다가가면 친구는 더 기쁘고 고마워할 거야.

✓ **마음 체크** 의외의 장소에서 학교 친구랑 마주쳤을 때 내 마음은?

☐ 최대한 마주치지 않고 돌아서 가고 싶다.
☐ 뭐라고 말해야 할지 몰라서 긴장된다.
☐ 인사하고 나서 어색할 거라고 미리 걱정한다.

오늘의 어색한 친구가 내일의 단짝이 될 수도 있잖아?
잠깐이나마 가벼운 인사를 나눠 보자.

아예 인사하지 않고 나중에 학교에서 마주치면 더 어색해질걸. 서로 "안녕?" 하고 짧게 인사만 하고 지나쳐도 좋지 않을까? 잠시 가벼운 대화를 주고받아도 좋고. 너무 거창하게 생각하진 말자.

2

친해지고 싶은 친구가 생겼어요

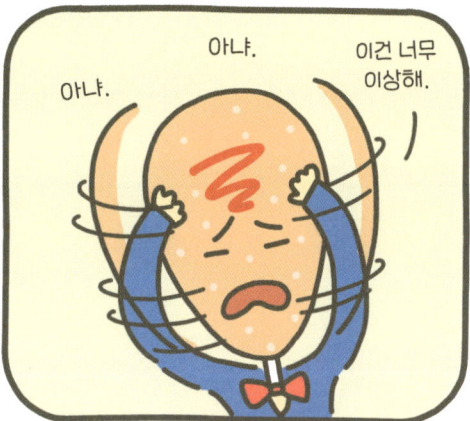

 마음을 챙겨요

소심이 핫독은 친해지고 싶던 친구와 가까워질 수 있을까?

학교생활을 하다 보면 정말 친해지고 싶은 친구가 생길 수 있어. 활달한 성격이면 자연스럽게 놀면서 친해지겠지만, 새 친구를 사귈 때 마음의 준비가 필요한 아이들은 좀 고민이 될 것 같아. 그 친구 옆에 이미 친해 보이는 다른 친구가 있거나 나랑 성격이 달라 보이면 더 그렇겠지. 친해지고 싶은 마음이랑 걱정되는 마음이 싸우고 있으니 말이야.

걱정과는 달리 취미나 좋아하는 게 그 친구와 같을 수도 있는데, 이 모든 걸 알려면 대화가 필요해. 조금 용기 내서 먼저 인사부터 해 보자. 나를 알릴 수 있는 가장 간단한 방법이잖아. 왜 빨리 친해지지 않을까 너무 걱정하지 말고 천천히 관계를 쌓아 가 보자.

✓ **마음 체크** 친해지고 싶은 친구를 대하는 내 모습은?

☐ 함께 놀자고 말하고 싶지만 마냥 바라보기만 한다.
☐ 어떤 말로 대화를 시작해야 할지 몰라서 포기한다.
☐ 같이 놀 기회가 생기기만 기다린다.

 조금씩 천천히 가까이!
친구에게 다가가 이야기 들어 주는 것부터 하나씩 하자.

친해질 기회가 없다고 풀이 죽어 있었던 건 아닌지 되돌아봐. 어쩌면 여러 번 기회가 있었는데 무서워서 피했을 수도 있을걸? 사실 친구끼리는 "같이 놀자."라는 한마디로 금방 친해지기도 해. 대화하고 싶을 때에는 친구의 이야기를 들어 주는 것부터 해 보자.

3

대화하다가 말이 끊기면 어색해요

마음을 챙겨요

대화가 끊겨도 불안해하지 않고 쓱 넘길 수 있는 방법 없을까?

    이야기를 나누다 보면 서로 아무 말 없이 대화가 끊기는 경우가 있어. 어른도 흔히 겪는 일인데, 이런 순간을 참지 못해 속이 답답해지는 사람도 있더라고. 어린이도 그럴 때가 있구나!

    이때 당황하면 할 말이 생각나지 않아 마음이 더 불편해지겠지. 그러다 보면 다시 대화를 이어 가고 싶은 마음에 엉뚱한 질문이나 상황에 맞지 않는 말을 하기도 해. 그럼 서로 더 어색해지겠지?

    우리 이럴 때에는 잠시 조용한 순간이 지나가게 두자. 너무 안절부절못하면 상대방도 그걸 느낄 텐데 그럼 서로 불편하잖아. 침묵 뒤에 마음이 차분해지면서 얘깃거리가 생각날 수 있어. 이렇게 대화가 끊겼다가 다시 이어지는 흐름을 자연스럽게 겪어 보렴.

✓ **마음 체크** 중간에 대화가 끊기면 생기는 내 증상은?

☐ 시선을 피하면서 땀을 삐질삐질 흘린다.
☐ 마음이 불편해서 얼른 자리를 피하고 싶다.
☐ 괜히 불안해서 다른 곳만 쳐다본다.

 누구나 대화가 끊기는 순간을 맞이해.
자연스러운 상황이란 걸 받아들이자.

조용한 시간을 어느 정도 흘려보내면 그 자리의 친구를 눈여겨볼 마음의 여유가 생겨. 친구에게 관심을 두면 새롭게 이야깃거리들이 생겨날 거야. 이런 시간을 늘려 나가면 그 친구와 단둘이 있어도 전처럼 어색하지는 않을걸.

칭찬을 들으면 마음이 오글거려요

마음을 챙겨요

칭찬이 어색한 미여기가 어떻게 하면 자연스럽게 칭찬을 받아들일 수 있을까?

미여기는 칭찬을 들으면 민망하고 부끄러운 감정이 앞서나 봐. 우리 주변에도 미여기처럼 수줍음이 많은 친구들이 꽤 있지. 그런데 말이야, 슬프고 힘들 때뿐 아니라 행복하고 기쁠 때에도 자연스럽게 네 감정을 받아들이는 게 좋아. 괜히 숨기고 아닌 척하면 더 어색할 뿐이야.

혹시 "그렇게 잘한 건 아니야." 또는 "누구나 할 수 있는 거야."라는 말로 자신을 낮추는 게 겸손이라고 생각한다면 다시 생각해 봤으면 좋겠어. 자칫 상대방에게 잘난 척하는 것처럼 보일 수 있거든.

자신의 노력에 자부심을 갖자. 꼭 1등을 해야 칭찬받을 자격이 있는 건 아니야. 누구나 당연히 노력에 대한 칭찬을 받을 수 있지. 칭찬을 하는 사람도 너의 노력에 박수를 보내는 거니까 충분히 기뻐하면 좋겠어.

✓ **마음 체크** 칭찬을 들을 때 내 모습은?

☐ 나도 모르게 얼굴을 붉히며 도망가 버린다.
☐ 별거 아니라고 손사래를 친다.
☐ 주목받은 게 싫어서 고개를 푹 숙인다.

**칭찬해 준 사람의 다정한 마음을 헤아리자.
칭찬에 손사래 치기보다 "고맙습니다!"라고 인사하면 어때?**

칭찬을 받을 때 고맙다고 인사로 답을 하면 칭찬한 사람도 기분이 좋아질 거야. 여럿이 함께한 일로 칭찬을 받으면 "친구들과 함께 열심히 했어요. 알아주셔서 감사합니다." 하고 말하는 것도 좋겠지.

하하. 쑥스럽네요.
고맙습니다.

속상해하는 친구를 위로하고 싶어요

마음을 챙겨요

힘들어하는 친구에게 할 수 있는 좋은 위로는 무엇일까?

친구에게 안 좋은 일이 생기면 덩달아 힘이 쭉 빠지지? 얼른 힘이 나는 말을 해 주고 싶고? 그런데 어떤 말은 오히려 친구의 마음을 상하게 해.

친구가 아파할 때 그 마음을 먼저 헤아려 주면 좋겠어. 우선 친구의 이야기를 충분히 들어 줘. 위로는 문제를 해결해 주는 게 아니라, 괴로움을 덜어 주고 슬픔을 나누는 거야. 너에게 털어놓는 것만으로도 친구는 속상한 마음을 덜 수 있거든.

이때 친구의 잘못을 지적하거나 탓하면 친구의 속상한 마음이 배가 되겠지? 아픈 가슴에 소금 뿌리는 일은 하지 말자. 토닥토닥 끄덕끄덕 이 두 가지면 충분하니까.

✓ **마음 체크** 힘들어하는 친구에게 이런 말을 던진 적이 있다?

☐ 거봐, 내가 그러지 말랬잖아!
☐ 네가 잘못한 걸 누굴 탓하겠어.
☐ 이미 벌어진 일을 어떻게 하겠어!

 고민을 털어놓는 친구에게 잘못부터 지적하진 말자.
그럴 때에는 따뜻한 위로부터 건네자!

친구가 무엇 때문에 속상한지 모르고 있다면 "오늘 기운이 없어 보이네. 혹시 무슨 일 있어?" 하고 물어보자. 혹시나 친구가 말하고 싶어 하지 않는다면 기다려 주면 좋겠어. 친구 이야기를 듣고 나서는 판사처럼 잘잘못을 따지기 전에 "속상했겠다."라고 위로부터 건네 보자.

도와 달라고 하고 싶은데 말이 나오지 않아요

마음을 챙겨요

도움이 필요한 동백씨의 말문을 어떻게 틔울 수 있을까?

    동백씨가 도와 달라는 말이 잘 안 나와서 당황했구나. 어려움에 처한 사람을 도와야 한다는 건 알면서도 정작 자기가 어려울 땐 도움을 요청하지 못해 곤란해들 해. '이런 부탁을 해도 될까?' 또는 '혹시 모른 척하거나 거절하면 어떡하지?' 하는 생각 때문이지.

    이럴 땐 누군가 자신의 어려움을 알아채고 도와주었으면 하는 막연한 바람이 생기기도 해. 하지만 말하지 않으면 상대방은 어떤 도움이 필요한지 알 수가 없어. 어떤 상황인지도 모르는데 나서서 널 도울 순 없잖아.

    곤란한 일이 생겼을 때 남에게 도와 달라고 이야기해도 괜찮아. 사람은 혼자서는 완벽하지 않기 때문에 서로 돕고 살아야 한다는 걸 기억해 줘!

✓ **마음 체크** 도움을 요청해야 할 때 내 마음은?

☐ 누구에게 도와 달라고 말해야 할지 몰라 막막하다.
☐ 거절당할까 봐 무서워서 도와 달라고 말하지 못한다.
☐ 누군가 알아서 내 문제를 척척 해결해 주면 좋겠다고 생각한다.

 어떤 도움이 필요한지 침착하게 생각을 정리하자.
이야기할 때에는 또박또박 천천히!

먼저 네가 해결할 문제가 무엇인지 어떤 도움이 필요한지 차분하게 정리해 봐. 급할 때에는 마음과 다르게 말이 헛나오거나 적절한 단어가 생각나지 않을 수도 있거든. 그런 다음 네 문제를 제대로 해결해 줄 사람을 찾아 말하는 거야. 무척 긴급한 상황일 때에는 "빨간 모자 쓰신 분 119에 신고해 주세요!"처럼 분명하게 사람을 지정해서 이야기해야 해.

7

솔직하게 말해야 할 때 힘들어요

마음을 챙겨요

잘못을 감추는 게 과연 자기 자신에게 좋은 일일까?

  와풀의 잘못이 이제 막 들통나게 생겼구나. 너도 와풀이랑 비슷한 경험을 한 적 있니? 잘못을 사실대로 말하면 혼날까 봐 걱정스러웠어? 계속 감추면 또 다른 거짓말을 하게 될지 몰라. 그렇게 거짓말이 주체할 수 없을 만큼 불어났을 때에는 정말 되돌리기 힘들어. 우리 거짓말의 고리를 끊어 보면 어때?

  이럴 때일수록 있는 용기 없는 용기를 끌어모아 만들어 내야 할 게 있어. 바로 솔직함이야. 솔직함은 아주 힘이 세. 상대방의 기분을 풀어 줄 수 있어. 게다가 내 마음을 더 단단하게 만들어 주거든.

  물론 솔직해지는 건 쉬운 일이 아니야. 어른에게도 힘들지. 이미 한 거짓말을 고백하려면 온몸이 배배 꼬이고 주먹만 한 돌덩이가 목구멍을 막고 있는 것처럼 답답해질 거야. 하지만 한번 해내고 나면 답답했던 가슴이 뻥 뚫릴걸. 이제 용기 낼 준비가 됐으면 가 보자!

✓ **마음 체크** 나는 솔직하기가 힘들다?

☐ 잘못을 들키면 꾸중을 들을 것 같아 무섭다.
☐ 잘못한 일을 말하면 좋았던 관계가 무너지고 미움받을 것 같다.
☐ 상대방에게 잘 보이려고 무심코 거짓말할 때가 있다.

늘 솔직하기란 누구에게나 어려워.
그래도 정직해야 하는 이유가 있어!

거짓말하는 게 정말로 내 마음을 편안하게 하는지 꼭 생각해 보자. 언제 들킬지 몰라 계속 조마조마하겠지? 나중에 들키면 민망하고 창피할 거고. 그럼 더 괴롭지 않을까? 곰곰 생각해 보자.

♦ 이 책을 추천해 주신 선생님들

강수진 새봄초 강진주 청라초 고아름 상천초 권상회 내동초 권예은 슬기초 권유진 석림초 기하형 고창남초 김나연 장안초 김미정 가야초 김보경 사동초 김소영 마산초 김수경 감곡초 김윤아 부양초 김윤이 정미초 김은혜 삼척초 김준회 상동초 김태희 갈현초 김하진 정옥초 김현서 정수초 김희경 원촌초 나현 서화초 나현주 의왕정음학교 문보현 장성초 문지원 고덕초 박경민 동두천송내초 박민지 마산초 박선영 동방초 박성은 포천초 박소은 인덕초 박소현 합정초 박시현 광명초 박영분 숲속초 박은진 학남초 박주영 학동초 박주희 풍양초 박진영 상인초 방혜경 한내초 배지현 무지개초 백수빈 평내초 서우연 순전북초 서주연 평일초 손다혜 보람초 송유진 나곡초 송혜진 공도초 양유정 거여초 오승연 곡선초 유예진 부천상록학교 유혜민 목암초 이서안 송양초 이선영 성동초 이수연 오산초 이수정 유가초 이승희 배방초 임지수 새움초 임지연 위례숲초 장가연 중앙초 정선영 양현초 정예림 서림초 정정연 초전초 정주양 반안초 정희선 오현초 조은혜 정지초 조인화 가좌초 조주영 진해신항초 좌소연 하귀일초 채다혜 중산초 최선주 의순초 하민영 임성초 홍지수 전주초 황혜림 학진초

나도 상처 받지 않고 친구도 상처 받지 않는 말하기 연습

초판 1쇄 발행 2023년 2월 27일
초판 15쇄 발행 2025년 7월 4일

글 강승임
그림 김규정
펴낸이 최순영

교양 학습 팀장 김솔미
편집 고양이
디자인 정경아

펴낸곳 ㈜위즈덤하우스 **출판등록** 2000년 5월 23일 제13-1071호
주소 서울특별시 마포구 양화로 19 합정오피스빌딩 17층 **전화** 02) 2179-5600
홈페이지 www.wisdomhouse.co.kr **전자우편** kids@wisdomhouse.co.kr

ⓒ강승임, 김규정 2023

ISBN 979-11-6812-593-3 73190

- 이 책은 ㈜위즈덤하우스에서 제작, 판매하므로 무단 복제 및 전재를 금합니다.
- 이 책의 전부 또는 일부 내용을 재사용하려면 반드시 사전에 저작권자와 ㈜위즈덤하우스의 동의를 받아야 합니다.
- 인쇄·제작 및 유통상의 파본 도서는 구입하신 서점에서 바꿔드립니다.
- 책값은 뒤표지에 있습니다.
- 이 책의 사용 연령은 8~13세입니다.